AF336652

# COURS PITTORESQUE

# D'ÉLOQUENCE PARLÉE

APPLIQUÉE

A LA CHAIRE, AU BARREAU, A LA TRIBUNE
ET AUX LECTURES PUBLIQUES;

PAR

## A. de Roosmalen.

Cet ouvrage renferme un Choix de Morceaux dans tous les genres, avec des démonstrations détaillées
sur la prononciation, la respiration, l'accentuation, la tenue, le geste et la physionomie,
suivies d'exemples notés d'après la méthode du professeur.

1.<sup></sup> *Livraison.*

PARIS,

CHEZ DELAUNAY, LIBRAIRE,
PALAIS-ROYAL.

1838.

Les exemples, notés d'après la méthode du professeur, demandant un soin particulier qui retarde l'impression, et les élèves qui suivent les leçons et les cours de M. de Roosmalen, réclamant des exemples détachés pour leurs exercices particuliers, on a cru devoir faire paraître cette livraison la première.

*Explication des signes.*

: Signe de légère respiration.
| . . . de respiration complète.
|| . . . de suspension à volonté.



Chaque exemplaire doit porter la signature de l'auteur.

IMPRIMERIE DE E.-J. BAILLY,
PLACE SORBONNE, 2.

# J.-B. BERNARD,

Chanoine régulier de Sainte-Geneviève ; né à Paris en 1710 ; mort en 1772. Orateur et poète : on a de lui des odes , plusieurs oraisons funèbres, un discours sur l'obligation de prier pour les rois, etc.

---

## TABLEAU DES VERTUS DE SAINT LOUIS ( *Extrait* ).

| | |
|---|---|
| *Ton soutenu.* . . . . . . | Modérateurs de l'enfance des rois, \| vous leur répétez : si |
| [1] *Ton miséricordieux.* . . | souvent : qu'ils sont les maîtres ! \| [1] Ah ! \| dites-leur quelquefois |
| [2] *Reproche modéré.* . . : | que leurs sujets : sont des hommes. \| [2] Vous leur inspirez des |
| [3] *Douceur.* . . . . . . . | idées de grandeur ! \| [3] Inspirez-leur aussi des sentimens d'hu- |
| [4] *Reproche plus marqué.* | manité ! \| [4] Vous leur parlez toujours du respect qui leur est dû ; |
| [5] *Bonté.* . . . . . . . . | \| faites-les ressouvenir en même temps : de ce qu'ils doivent [5] |
| [6] *Changement de ton ;* | eux-mêmes de soins et de bontés à leurs sujets ! \|\| [6] Souverains |
| *force.* . . . . . . . . | du monde, \| il est pour vous une manière de devenir encore |
| [7] *Ton paternel, affect.* . | plus grands, \| [7] c'est de descendre et de vous communiquer... \|\| |
| [8] *Une nuance, bienveil-* | [8] Que j'aime à me le représenter, ce bon roi, \| lorsqu'à l'ombre |
| *lance marquée. Sim-* | d'un chêne, \| sans autre trône que le gazon, \| sans autre appa- |
| *plicité affectueuse. En* | reil que la simplicité, \| sans autre barrière que le respect : |
| *augmentant sur le* | [9] qu'imprime sa personne auguste, \| sans autre garde : que le |
| *même ton mais d'une* | cœur et l'amour des citoyens, \| il interrompt l'innocent plaisir |
| *manière incisive.* . . . , | de la promenade : pour donner des audiences ; \| recevoir des |
| [9] *Nuance.* . . . . . . . . | placets, \| juger lui-même les causes, \| concilier les familles, |
| [10] *Une n., plus de force.* | \| et terminer des différends : [10] qui, sans lui, : auraient été |
| [11] *Autre ton.* . . . . . . . | éternels... \|\| Au seul aspect du bois de Vincennes \| [11] où Louis |
| [12] *Satisfact. douce, simp.* | écoutait avec bonté la veuve et l'orphelin ; \| [12] l'âme attendrie : |
| | se retrace un doux souvenir ; \| on bénit la mémoire d'un si bon |

[1] *Plus chaleureux.* . . . prince... | [1] Ami sincère de la vérité, | la lui dire : était le seul
[2] *Force et onction.* . . . moyen de lui plaire. | [2] La vérité! | [3] Hélas, : elle entre si rare-
[3] *Regret.* . . . . . . . ment dans les palais des princes! | elle trouve auprès du trône
*En graduant.* . . . . un accès si difficile! | sa voix : y est étouffée par tant d'intérêts
[4] *Une autre nuance; po-* opposés! | [4] On se fait un art de tromper le souverain, | et de
*sitif.* . . . . . . . . se maintenir auprès de lui : au préjudice du premier tribut
[5] *Ton persuasif et absolu.* qu'on lui doit, | [5] le tribut de la vérité. | Les Nathans eux-
*Ton d'exemple* . . . mêmes s'affaiblissent, | les Elies : craignent que leur zèle :
*En augmentant.* . . . traité d'indiscrétion : ne devienne criminel; | les Jean Bap-
tiste : n'osent dire qu'à la faveur de mille ménagemens : et de
[6] *Nuance.* [7] *Fermement.* mille détours, : [6] cela ne vous est pas permis; | [7] non licet... ||
*Simplement.* . . . . . Louis : allait lui-même au devant de la vérité : et la dispensait
d'user de précaution et d'artifice; | il l'enhardissait à parler ..
[8] *Avec plus de force.* . . | [8] Vous n'eûtes donc point de crédit sous son règne, :
[9] *Ton d'accusation.* . . [9] hommes vendus au mensonge et l'iniquité, | [10] détestables flat-
[10] *Augm. du ton de rep.* teurs, | dangereuses pestes des cours, | ennemis secrets de
[11] *Force et chaleur par* la gloire des princes. | O vous : [11] qui par un trafic infâme, |
*gradation.* . . . . . . n'exercez d'autre ministère : auprès d'eux : que de canoniser
leurs passions, | d'encenser leurs vices, | de consacrer leurs fai-
blesses, | de leur cacher leur devoir, | et de mériter leur fa-
[12] *Avec entraînement.* . veur : en les couvrant d'ignominie... || [12] O mon Dieu, |
[13] *Une forte nuance.* . . [13] s'écriait Louis, | le trône : n'est environné que de serviles adu-
[14] *Ton de répr.* [15] *Appuyé.* lateurs, | [14] dangereux organes du mensonge, | [15] criminels inter-
[16] *Avec foi.* . . . . . . . prètes de la vanité! | [16] Il n'y a que votre sainte loi : qui me
[17] *Accentué.* . . . . . . . montre la vérité : sans fard et sans déguisement. | [17] Les flat-
[18] *Autre nuance; onction.* teurs ne me parlent que de mes prérogatives; | [18] mais votre
[19] *Même inflexion mais* loi : me reproche mes défauts! | [19] Les flatteurs me font sou-
*plus forte.* . . . . . . venir de ce que je suis comme roi, | mais votre loi : m'avertit
[20] *Avec ch., force et reg.* de ce que je dois être comme chrétien. | [20] Les flatteurs | sèment
[21] *Une forte nuance avec* autour de moi les préjugés et les ténèbres, | [21] mais votre loi :
*autorité.* . . . . . . . ne me dissimule point que la puissance ne m'est prêtée que pour
[22] *Nuance soutenue.* . . un temps, | [22] qu'au moment marqué : l'idole tombe, |

' *Avec force.* ' *Transit.* ' se brise,  | ' et qu'alors :  ' il ne reste au monarque le plus
' *Ampleur et componct.* redouté : que ses crimes ou ses vertus. ||

Ce morceau est divisé en trois parties bien distinctes. Dans la première,
c'est un conseiller qui parle avec l'autorité et la bienveillance d'un ministre
du ciel ; dans la seconde, *que j'aime à me le représenter ce bon roi...* c'est
un patriarche vénérable dont la voix est onctueuse, simple, douce, pé-
nétrante ; dans la troisième, c'est l'ennemi du vice et de l'intrigue qui tonne
contre *les hommes vendus au mensonge et à l'iniquité.* La quatrième partie
renferme des nuances qui se trouvent dans les trois premières divisions ;
cette fin doit être soutenue par un ton chaleureux, noble et pénétré de la
puissance de la loi divine.

Ces divisions désignent l'action de la physionomie et du geste.

La physionomie doit porter tour à tour l'empreinte de l'autorité, de la
bienveillance, de la simplicité, de la douceur, de la force, de la réprobation,
de la grandeur. Le geste doit être en rapport parfait avec ces caractères.

Une fois que le prédicateur connaîtra les premiers principes de l'action ora-
toire, s'identifiant avec son sujet, il en remplira sans peine ces diverses con-
ditions.

# J. RACINE,

L'auteur d'Andromaque, des Plaideurs, de Britannicus, de Bérénice, de Bajazet, de Mithridate, d'Iphigénie en Aulide, de Phèdre, d'Esther et d'Athalie; né à la Ferté-Milon, le 21 décembre 1639, et mort à Paris le 21 avril 1699.

## PYRRHUS (*Andromaque*).

Caractère désigné ainsi par l'auteur.

| | |
|---|---|
| *Phœnix* : . . . . . . . . | « C'est Pyrrhus; c'est le fils et le rival d'Achille. |
| *Hermione* : . . . . . . | « Sais-tu quel est Pyrrhus? t'es-tu fait raconter |
| | « Le nombre des exploits... mais qui peut les compter? |
| | « Intrépide, et partout suivi de la victoire... |
| *Andromaque* : . . . . . | « Je sais quel est Pyrrhus. Violent, mais sincère, |
| | « Céphise, il fera plus qu'il n'a promis de faire. |
| *Oreste* : . . . . . . . . | « J'assassine à regret un roi que je révère. |

Ainsi le caractère de Pyrrhus est violent, mais généreux, mais sincère.

Oreste vient au nom des Grecs demander le fils d'Hector que le sort a fait tomber entre les mains du roi d'Épire. Ce roi, qui est Pyrrhus, est justement blessé d'une telle démarche, et dans sa réponse, tout en conciliant ce qu'il doit à un ambassadeur tel qu'Oreste, il se montre tour à tour spirituel, noble, ardent, sensible, généreux.

| | |
|---|---|
| *Noble simplicité.* . . . . | La Grèce \| en ma faveur est trop inquiétée, \| |
| *Raillerie adroite et délicate.* | De soins plus importans je l'ai crue agitée, |
| | Seigneur; \| et sur le nom de son ambassadeur ÷ |

|  | |
|---|---|
| | J'avais, : dans ses projets, : conçu plus de grandeur. ‖ |
| *Nuance différente.* . . . . | Qui croirait, : en effet, : qu'une telle entreprise : |
| | Du fils d'Agamemnon méritât l'entremise ⌊ , |
| *En renchérissant.* . . . | Qu'un peuple tout entier, \| tant de fois triomphant, : |
| *Simplement.* . . . . . . . | N'eut daigné conspirer que la mort d'un enfant ? \| |
| *En roi* . . . . . . . . . | Mais : à qui prétend-on que je le sacrifie ? \| |
| *Interrogat.* . . . . . : . . | La Grèce ⌊ a-t-elle encor quelque droit sur sa vie ? \| |
| | Et, seul de tous les Grecs, : ne m'est-il pas permis |
| *Affirmativement.* . . . . | D'ordonner d'un captif ⌊ que le sort m'a soumis ? \| |
| *Ton absolu.* . . . . . . . | Oui, Seigneur, : lorsqu'au pied des murs fumans de Troie |
| | Les vainqueurs, tout sanglans, : partagèrent leur proie, \| |
| *Appuyé.* . . . . . . . . | Le sort \| dont les arrêts furent alors suivis , : |
| | Fit tomber en mes mains Andromaque et son fils. \| |
| *Naturel; ton de preuve.* | Hécube \| près d'Ulysse acheva sa misère. \| |
| | Cassandre \| dans Argos a suivi votre père. \| |
| | Sur eux, \| sur leurs captifs, \| ai-je étendu mes droits, \| |
| | Ai-je enfin disposé du fruit de leurs exploits ? ‖ |
| *Changement de ton.* . . . | On craint qu'avec Hector Troie un jour ne renaisse ; \| |
| *Soutenu et gradué.* . . . | Son fils : peut me ravir le jour que je lui laisse. ⌊ |
| *Avec force et dégoût.* . | Seigneur, : tant de prudence entraîne trop de soin, \| |
| *Ton d'un homme génér.* | Je ne sais pas prévoir les malheurs de si loin. ‖ |
| *Ton différent; réflexion;* | Je songe quelle était autrefois cette ville, ⌊ |
| *exaltation guerrière.* | Si superbe en remparts, ⌊ en héros si fertile , \| |
| | Maîtresse de l'Asie ; \| et je regarde enfin, |
| | Quel fut le sort de Troie, \| et quel est son destin. \| |
| *Ton de regrets , simple-* | Je ne vois que des tours que la cendre a couverte, \| |
| *ment et sans force.* . | Un fleuve : teint de sang, \| des campagnes désertes, \| |
| | Un enfant : dans les fers; \| et je ne puis songer |
| *Aspire : mot de valeur.* | Que Troie, : en cet état \| aspire à se venger. ‖ |
| *Noble emportement.* . . | Ah ! : si du fils d'Hector la perte était jurée, \| |
| *Interrogation chaleur.* . | Pourquoi d'un an entier l'avons-nous différée ? ‖ |
| | Dans le sein de Priam n'a-t-on pu l'immoler ? \| |

*Force et dignité.* . . . . . Sous tant de morts, | sous Troie | il fallait l'accabler ; |

*Simplement.* . . . . . . . Tout était juste alors. | La vieillesse et l'enfance :

*Regrets.* . . . . . . . . . En vain, sur leur faiblesse appuyaient leur défense. |

*Relever le ton.* . . . . . La victoire et la nuit, : plus cruelles que nous, |

Nous excitaient au meurtre : et confondaient nos coups. |

*Changement de ton.* . . Mon courroux | aux vaincus ne fut que trop sévère. |

*Avec indignation.* . . . Mais : que ma cruauté survive à ma colère, |

*Sentiment profond.* . . Que , malgré la pitié : dont je me sens saisir, |

*Avec intérêt.* . . . . . . Dans le sang d'un enfant je me baigne à loisir? |

*Absolu, décidé.* . . . . Non, Seigneur ; | que les Grecs cherchent quelqu'autre proie ; |

Qu'ils poursuivent ailleurs ce qui reste de Troie : |

*Sentencieux.* . . . . . . De mes inimitiés le cours est achevé ; |

*Avec la plus gr. dignité.* L'Epire | sauvera : ce que Troie a sauvé. ||


L'attitude de Pyrrhus doit être noble sans raideur. Sa physionomie est franche et ouverte, ses gestes sont simples et peu nombreux , ils ne commencent à s'élever qu'à l'image de : *cette ville si superbe en remparts , etc...,* et s'abaissent à : *Quel est son destin , je ne vois que des tours ,* etc.... ; ils deviennent plus chaleureux vers la fin de la tirade : *Que ma cruauté survive à ma colère...,* et suivent le sentiment de l'orateur.

# J.-B. BILLECOCQ,

Né à Paris , le 31 janvier 1765 , écrivain et avocat ; auteur de poésies latines , traducteur des Conjurations de Catilina, de Salluste et de plusieurs ouvrages anglais.

---

## LA PROVIDENCE , ANECDOTE ( *De la religion chrétienne* ).

*Ton de narration sim-
ple et familière.* — Le père Beauregard venait de prêcher : dans l'une des églises de la capitale, | son beau sermon sur la Providence. |

[1] *Une nuance.* . . . . . . [1] Comme toutes ses autres prédications, celle-là avait attiré une

[2] *Autre nuance ; avec plus d'intérêt.* . . . . affluence considérable d'auditeurs. | [2] Rentré chez lui, | il se déshabillait pour prendre quelque repos : après une extrême fatigue, : lorsqu'on lui annonça qu'un inconnu demandait à le

[3] *Légère transition.* . . voir ; | [3] il ne prend que le temps de changer de vêtemens, | et se présente à l'inconnu, : qu'au premier aspect : ses manières et l'ensemble de son extérieur : lui firent juger être un ar-

[4] *Ton de bonté interr.* . tisan. | [4] — « Que voulez-vous de moi, : monsieur ?» | lui dit le

[5] *Émotion accentuée.* . vénérable prédicateur. « | — [5] Vous entretenir un moment, • :

[6] *Nuance.* . . . . . . . . . . [6] repart l'inconnu : avec un ton de voix fortement accentué, : et ayant dans la physionomie quelque chose d'extraordinaire : qui tenait de l'égarement, | et qui fixa l'attention du saint

[7] *Bienveillance.* . . . . . prêtre. | — « [7] Très volontiers, » : lui répond ce dernier, | « as-

[8] *Légère transition.* . . seyez-vous, | je suis prêt à vous entendre ; » || [8] et entre eux le

[9] *Ton d'agitation.* . . . . dialogue continua ainsi : || [9] — «Monsieur, : je sors de votre ser-

[10] *Ton de confiance.* . . mon.» [10] — Eh bien, : monsieur, | je m'en félicite ; | je vous en fé- licite vous-même : | car j'ai dit des choses : que je crois devoir

[11] *Approbatif, ton tou-* n'être pas perdues pour tout le monde : | [11] — Oh ! monsieur,

| | |
|---|---|
| *jours ému. . . . . . . .* | \| vous avez certainement parlé très bien. \| On ne pouvait pas |
| *Appuyer sur providence.* | mieux dire. \| Mais vous avez vanté les bienfaits d'une Provi- |
| *Désespoir retenu. . . .* | dence, \| je ne crois pas à cela : \| ¹ car pour moi : il n'y en a |
| *Transition ; étonnem.* | pas, de Providence. \|\| — ² Comment, : monsieur! \| quelles |
| *Affirmatif. . . . . . . .* | paroles venez-vous de prononcer? — \| ³ Non, monsieur, \| il n'y |
| *Abandon. . . . . . . .* | a pas de Providence pour moi, \| ⁴ tenez, : jugez plutôt : \| |
| ⁵ *Grande simplicité, tou-* | ⁵ Je suis menuisier de mon état. \| J'ai une femme et trois enfans. |
| *jours avec émotion. .* | Nous sommes d'honnêtes gens : qui travaillons et qui n'avons ja- |
| | mais fait de tort à personne. \| Parlez de moi dans mon quartier, : |
| | et tout le monde vous attestera que N. est un brave homme : qui |
| | gagne sa vie et celle des siens à la sueur de son front : \| qui ne |
| | boit pas, \| qui ne joue pas, \| qui est de bonne intelligence avec sa |
| | femme, \| et qui ne fait point de dettes : qu'il ne les acquitte fidè- |
| ⁶ *Inflexion différente,* | lement. \| ⁶ — Je crois tout cela sans peine, : mon enfant, › \| |
| *bienveillance émue. . .* | ⁷ interrompt le respectable ecclésiastique, que touchait vive- |
| ⁷ *Transition. . . . . . .* | ment l'effusion de ce langage. \| ⁸ ‹ Mais où voulez-vous en |
| ⁸ *Reprendre le ton bien-* | venir; \| et qu'ont de commun des détails aussi propres à inté- |
| *veillant interrogatif. . .* | resser en votre faveur, \| avec votre incrédulité à l'égard de la |
| ⁹ *Plus animé, interr. .* | Providence? \|\| ⁹ — Où \| j'en veux venir, : monsieur; \| et qu'est- |
| ¹⁰ *Déterminé. . . . . . .* | ce que tout cela a de commun? \| le voici : ¹⁰ \| Vous voyez un |
| ¹¹ *Effrayé. . , . . . . .* | homme près de s'aller jeter dans la rivière. \| ¹¹ — O ciel! › : |
| ¹² *Transition, mais tou-* | ¹² s'écrie le père Beauregard \| justement alarmé d'une telle ré- |
| *jours d'un ton d'in-* | solution; \| ¹³ ‹ que Dieu vous préserve d'un semblable égare- |
| *térét et ému. . . . . .* | ment! \| il n'y va pas seulement de votre vie, \| il y va du salut |
| ¹³ *Chaleureux. . . , . .* | de votre âme. \| ¹⁴ Eh! qui peut donc vous porter à un projet |
| ¹⁴ *Nuance ; interrogatif.* | aussi condamnable? \|\| — ¹⁵ Monsieur; \| j'éprouve une perte |
| ¹⁵ *Récit animé, plein* | ruineuse pour moi, \| par la faillite d'un débiteur. \| J'ai des en- |
| *d'émotion. . . . . . .* | gagemens qui échoient le 30 du mois. \| Je ne pourrai point |
| | payer. \| Ce serait la première fois que je n'aurais pas fait honneur |
| | à ma signature. \| Je ne supporte pas l'idée de ce malheur, \| et |
| | c'est après avoir frappé en vain à plusieurs portes \| et n'avoir |
| | rien obtenu, \| parce que mes parens et mes amis ne sont pas |

plus riches que moi, | que je vais me noyer. || *[1] Transition, ton pénétré; interrogatif.* — Mais, : mon ami, | votre femme : que vous aimez, | vos enfans | qui ont besoin de vous, | que deviendront-ils : si vous les abandonnez sans retour ? » || *[2] Transition, voix émue et ton de récit.* A cette question, | le pauvre artisan sentit couler ses larmes, | et il reprit ainsi : | — *[3] Changement de ton, plus animé.* « Que voulez-vous, : monsieur? | je ne puis vivre déshonoré ; | je leur ferais honte, : et quand je ne serai plus, | peut-être aura-t-on pitié d'eux. || *[4] Ton affectueux et ému; interrogatif.* — Dites-moi, : je vous prie, | comment, : préoccupé d'une pensée aussi affreuse, | vous êtes venu à mon sermon ? | — *[5] Changement de ton.* Oh! monsieur, | je n'y suis point allé exprès. | C'est le hasard. | Voici comment : *[6] Naïvement; toujours ému.* | Je passais dans le voisinage de l'église ; | j'ai vu beaucoup de monde se presser pour y entrer ; | par curiosité, : machinalement peut-être | j'y suis entré comme les autres. | J'ai demandé ce qu'il y avait. | On m'a répondu qu'un grand prédicateur allait prêcher. | Je suis resté, | je vous ai entendu, | et jusqu'au bout. | *[7] Avec plus de chaleur.* Tout ce que vous avez dit était bien beau, | mais, monsieur, | en faisant un retour sur moi-même, | sur ma situation, | sur mon irréprochabilité, | je n'ai *[8] Soutenu sur : admettre la Providence.* pu me résoudre à admettre la Providence. || *[9] Transition : avec action et entraînement.* — Quoi ! : mon ami, | avec un dessein aussi désespéré | vous êtes entré dans l'église, | vous m'y avez entendu, | vous êtes venu près de moi, | vous voilà me confiant vos peines, | et vous ne reconnaîtriez *[10] Plus d'onction.* pas que tout cela est de la Providence? » || *[11] Changement subit, ton de récit très simple; ému.* Frappé de l'observation : et gardant un moment le silence, | l'artisan répond : | *[12] Étonnement.* « C'est vrai, : monsieur ; | voilà quelque chose de remarquable. || *[13] Plus résolu et plus animé.* Mais enfin cela ne paiera pas mes billets le 30 de ce mois. » || *[14] Changement complet de ton, récit ému.* Tout : dans cet entretien : avait ému le cœur du père Beauregard ; | tout lui révélait un honnête homme sans lumières, | qui méritait un vif intérêt, | et surtout un prompt secours. | *[15] Nuance.* Il jugea inutile le recours aux renseignemens, | après avoir entendu ce malheureux homme : dont le langage et les manières attestaient la véracité. | *[16] Résolu.* Son parti ft bientôt pris. | — « Ecoutez, : mon enfant, | lui dit-il, | je vou[s] [1] crois un honnête homme, | un homme qui est malheureux : sans s'être attiré son malheur, | et qui n'a pas fait le calcul de [2] me tromper. | Je veux vous aider à sortir de peine. | [2] Combien vous faut-il : pour que vos billets soient acquittés ? | Je ne suis pas bien riche, : mais enfin : je puis vous offrir de quoi contri[3] buer à faire votre somme. | [3] — Ah ! monsieur, | quelle bonté. | 4 Avec moins de mille écus je suis sauvé ! » || [5] Le père Beauregard se lève, | va ouvrir son secrétaire, | en tire une somme de cent louis, | retourne à l'artisan : et lui dit : | — [6] « Mon ami, | voilà cent louis, | je n'aurais pas été assez heureux pour vous les donner de moi-même ; | mais, : il y a quelques jours, | après avoir assisté à mon sermon sur l'aumône, | Madame la princesse N. | (qu'il lui nomma) | m'a envoyé cet argent, : en m'autorisant à en faire, pour le soulagement de l'infortune, || l'emploi que je jugerais être le plus convenable. | [8] La somme eût adouci les maux de plusieurs familles, | entre lesquelles je l'aurais répartie ; | mais, mon enfant, | [9] votre présence chez moi : est, à mes yeux, | dans la crise de situation que vous m'avez exposée, | un trait de lumière sur [10] les vues de la Providence à votre égard. | [11] Prenez donc ces cent louis, | allez acquitter vos engagemens le 30 de ce mois, | [12] et croyez à la Providence. » ||

[13] Le pauvre artisan, : à ces mots, | tombe aux genoux du père Beauregard, | les arrose de ses larmes, | sans pouvoir proférer une parole, | [15] tant la surprise et la reconnaissance agissaient sur son cœur ; | [16] et levant les yeux au ciel, : qu'il bénit du fond de son âme, | [17] il reçoit la somme des mains du bon prêtre, | les serre affectueusement | et disparaît. |

Notes marginales :

1. *Avec bienveillance et paternellement.*
2. *Interrogatif.*
3. *Effusion de cœur ; exclamation.*
4. *Avec entraînement.*
5. *Ton du récit, imitation de l'action.*
6. *Affectueux.*
7. *Ton différent, simple.*
8. *Avec bonté.*
9. *Plus animé, avec entraînement.*
10. *Avec dessein.*
11. *Résolument.*
12. *Foi ; positif.*
13. *Très simple ; avec intérêt et action.*
14. *Émotion, sentiment.*
15. *Nuance.*
16. *Avec onction, âme.*
17. *Avec entraînement.*

Ce récit demande un ton toujours naturel, simple et vrai. La voix doit être émue et doit faire connaître le caractère des deux interlocuteurs. Pour le père Beauregard, ton doux, patriarchal, onctueux, confiant, animé chaque fois qu'il parle de la Providence. Pour l'ouvrier, ton légèrement brusque, très ému, quelquefois d'irritation retenue par la présence du prédicateur. A chaque reprise du récit par l'auteur, voix de causerie ordinaire, accentuée par la peinture du sujet, et variée selon la position des deux personnages. Physionomie d'un narrateur ému, et qui cherche à faire partager son émotion à ses auditeurs. Demi-gestes, sans aucune importance, et seulement pour soutenir ou réveiller l'attention.

# A. DE LA FOSSE,

Auteur de plusieurs tragédies oubliées : Polixène, Thésée, Gabinée, Corésus ; d'une comédie, le Distrait ; et de plusieurs autres poésies. Manlius seul a survécu à l'épreuve du temps. Né à Paris en 1653, mort en 1708.

## MANLIUS.

Caractère fier, audacieux et violent ; il se dépeint lui-même par ces mots, qu'il adresse à son confident Albin :

« ...Leur orgueil, qui me brave toujours,
« Croit que tout mon dépit s'exhale en vain discours.
« Ils connaissent trop bien Manlius inflexible ;
« Ils me soupçonneraient à me voir plus paisible.
« En me déguisant moins je les trompe bien mieux !
« Sous mon audace, Albin, je me cache à leurs yeux.

Valérius, consul, se présente à Manlius, lui fait le reproche de prendre les intérêts de tous les mécontens, et ajoute :

« . . . . . . . . . . . . . . Ordinaire industrie
« De qui veut à ses lois asservir sa patrie. »

*Voix pleine et positive.*

*Ton d'impatience.* . . . Eh ! quel moyen, seigneur, de guérir vos soupçons ; |
*Avec une autre nuance.* On sent de vos frayeurs les secrètes raisons ? ‖
*Avec emportement.* . . . Dois-je : pour ennemis : prendre tous ceux qu'offense
D'un sénat inhumain l'injuste violence ? |
*Simplement.* . . . . . . . Et suis-je criminel : quand, par un doux accueil, :

        J'apaise leur courroux *qu'*IRRITE *son orgueil ?* ‖

*Avec hauteur.* . . . . . . *C'est moi,* | *c'est mon appui* | qui les conserve à Rome. ‖

*Ironie interrogative.* . Vous demandez : d'où vient qu'un romain, : un seul homme
                Des misères d'autrui soigneux de se charger :
                Offre à tous une main : prompte à les soulager ? |

*Avec noblesse.* . . . . . . D'une pitié si juste est-ce à vous de vous plaindre ? |

*Av. natur. et simplicité.* Si c'est une vertu qu'en moi l'on doive craindre, |
                Si du peuple : par elle : on se fait un appui, |

*Intention ironique* . . Pourquoi suis-je le *seul* qui l'exerce aujourd'hui ? |
                Que ne *m'enviez-vous* un si noble avantage ? |

*Ton railleur.* . . . . . . Pourquoi : chacun de vous, : pour être exempt d'ombrage, |

*Et sout. dans ch. détail.* Ne *s'efforce-t-il pas* : par les mêmes bienfaits :
                De gagner, : d'attirer les amis qu'ils m'ont faits. |

*Changement de ton.* . . Ne peut-on du sénat apaiser les alarmes :

*Avec brusquerie.* . . . . Qu'*en affligeant le peuple,* | *en méprisant ses larmes ?* |

*Av. une violence grad.* L'avarice, | l'orgueil, | les plus durs traitemens, |

*Noblement.* . . . . . . . . Du salut d'un état sont-ils les fondemens ? |

*Ton soutenu; interrog.* Mes bienfaits vous font peur ? ‖ et d'un esprit tranquille

*Jalousie.* . . . . . . . . Vous regardez l'excès du pouvoir de Camille ! |

*Ton de reproche.* . . . A l'armée, | à la ville, | au sénat, | en tous lieux |
                De charges et d'honneurs on l'accable à mes yeux ; |
                De la paix , : de la guerre , : il est lui seul arbitre; |

*Mépris* . . . . . . . . . Ses collègues soumis : et contens d'un vain titre, |
                Entre ses seules mains laissant tout le pouvoir, |
                Semblent à l'y fixer exciter son espoir. ‖

*Interrogat. ; jalousie.* . D'où vient tant de respect, : d'amour pour sa conduite ? |

*Ton de reproche.* . . . Des Gaulois à son bras vous imputez la fuite ; |

*Avec emportement.* . . Vos éloges flatteurs *ne parlent* que de lui ; |

*Changement de ton.* . . Mais que deveniez-vous , : avec ce grand appui, :

*Dédain : Ce gr. appui.* Si dans le temps que Rome, : aux barbares livrée, :

*Expr. vive et farouche.* RUISSELANTE DE SANG , : PAR LE FEU DÉVORÉE, |

*Transition à attendait.* Attendait ses secours : loin d'elle préparés, ‖

*Idée hautaine*. . . . . Du Capitole encore ils s'étaient emparés ? ‖
*Posit. et brusq. de rep.* C'EST MOI, | qui prévenant votre attente frivole, |
*Force, viol. et noblesse.* RENVERSAI LES GAULOIS : *du haut du Capitole ;* ‖
*Emportement dédaign.* Ce Camille si fier | ne vainquit qu'après moi :
*Sans violence*. . . . . . Des ennemis déjà battus, : saisis d'effroi. |
*Positivement et noblem.* C'est moi, | qui, par ce coup, : préparai sa victoire, |
                  Et de nombreux secours eurent part à sa gloire. |
*Av. force, org. et nobl.* La mienne est à moi SEUL, | qui *seul* | ai combattu ; ‖
*Changement de ton.* . . Et quand Rome empressée : honore sa vertu, |
*Mépris au prem. hémist.* Ce sénat, | ces consuls, | *sauvés* par mon courage, :
*Avec intention*. . . . . Ou d'une mort cruelle : ou *d'un vil esclavage,* |
*Reproches, ton sout.,* M'immolent : sans rougir : à leurs premiers soupçons, |
  *mais sans éclat*. . . . Me font : de mes bienfaits : gémir dans les prisons ; |
*Avec emportement.* . . De *mille affronts* enfin : *flétrissent* : pour salaire |
*Avec grandeur* . . . . La splendeur de ma race : et du nom consulaire, ‖

Le caractère de Manlius est bien dessiné ; cet ambitieux se livre sans mé-
nagement à ses emportemens. Il est jaloux, fier, arrogant et capable de tout
pour parvenir à son but. Sa physionomie est sombre, son regard est couvert,
sa bouche porte l'empreinte d'une ironie dédaigneuse ; Mais ce personnage
s'ennoblit lorsqu'il parle de sa victoire sur les Gaulois, et dans ces vers :

> C'est moi, qui prévenant votre attente frivole
> Renversai les Gaulois du haut du Capitole ;

la voix, le geste, la physionomie doivent avoir toute la puissance et l'énergie possibles.

Les gestes doivent être presque toujours simples, mais quelquefois brus-
ques.

> Renversai les Gaulois du haut du Capitole.

*Renversai*, mouvement d'abattre ; *du haut du Capitole*, bras élevé désignant
la hauteur du Capitole.

# M. L.-P. DE JUSSIEU,

Né à Lyon, le 7 février 1792; auteur d'un exposé analytique des méthodes de l'abbé Gaultier, d'un recueil de Fables, de plusieurs Notices nécrologiques, traducteur des discours prononcés au parlement d'Angleterre par Fox; secrétaire-général du département de la Seine, et député de la Seine (10ᵉ arr.) en 1838.

---

### LE PETIT ÉCUREIL. (*Fable.*)

Ton du récit simple et ordinaire. Point de force dans la voix. Repos marqué à chaque changement de phrase. Esprit d'observation, finesse dans chaque détail.

| | |
|---|---|
| *Exciter l'attention.* . . . | Un petit écureuil, | bien vif, : bien sémillant, | |
| *Grande simplicité.* . . | Avait son nid sur un vieux hêtre; | |
| | Vivant heureux, | libre : et content, | |
| | Dans le bois qui l'avait vu naître. | |
| *Une nuance.* . . . . . | Au milieu de ce bois, | une ferme, : un verger, : |
| *Augmenter la valeur.* . . | Un magnifique potager, : |
| | Lui fournissaient en abondance |
| | Des fruits à savourer, : et des noix à ronger. | |
| *Plus simple encore.* . . | C'était assez pour lui, | car : dès sa tendre enfance, : |
| *Soutenir.* . . . . . . . | Ses parens, | par nécessité, | |
| *Dans un ton différent.* | Ou peut-être par prévoyance, | |
| | Avaient formé son goût à la sobriété. || |
| *Voix douce et affirmat.* | Rien n'était si doux que sa vie..... | |
| *Une nuance plus forte.* | Liberté tout entière, : et plaisirs innocens, | |
| *Interrogation.* . . . . . | N'est-ce pas de quoi faire envie? || |

*Changement de ton.* . . Il était le premier , : au retour du printemps, : |

*Descriptif.* . . . . . . .                    A voir la forêt embellie

                            De jeunes fleurs : et de bourgeons naissans ; |

*Une autre nuance.* . . .          Aucun souci, : dans sa retraite, |

                            Ne venait troubler son sommeil, |

*Avec grâce.* . . . . . . .          Et le matin, : à son réveil, :

                            Il allait faire sa toilette .

                            Aux premiers rayons du soleil : |

*Se compl. dans ch. dét.* Se peignait, | s'arrangeait, | se redressait l'oreille, |

                            De sa queue en panache il ombrageait son dos, |

                            Et se réchauffait en repos, |

                            Sans crainte pour demain, | sans regret pour la veille ; |

*Approbation marquée.*          C'était charmant. || Voilà qu'un beau matin, |

*Autre nuance à : Voilà*          Le museau propre, : et les pattes bien nettes, |

*Avec finesse.* . . . . . . |Notre écureuil, : allant à la chasse aux noisettes, |

*Etonnement.* . . . . . .          Trouve un gros rat sur son chemin. ||

*Lentement.* . . . . . .          Il salue avec politesse ; |

*Voix plus animée,* . . Le rat : l'accoste, | et veut nouer un entretien ; |

*Ton positif.* . . . . . . « Mon cher enfant, : dit-il, : sans que cela paraisse :

                            « d'être utile j'ai le moyen. |

*Avec observation.* . .          « Votre figure : m'intéresse, |

*Avec entraînement.* . . « Et je serais charmé de vous faire du bien.. |

*Interrogation.* . . . . . « Que cherchez-vous ici ? | Parlez avec franchise, |

                            « Je suis tout prêt à vous servir ; |

*Débit moins lent..* . . .          « Voulez-vous que je vous conduise :

                            « Où vous trouverez à choisir

*Renchérir sur chaque*          « Sucre, | biscuits, | gâteaux, | fromage de Hollande |

*objet.* . . . . . . . . .          « Pour vous régaler à loisir. ||

*Changement de ton.* . .          « — Monsieur : dit l'écureuil, | une petite amande :

*Simplicité, jeunesse,*          « Est tout ce qu'il me faut pour mon simple repas ;

*naïveté.* . . . . . . . .          « Je vous suis obligé, | mais je ne connais pas

*Etonn. à vous plaisant.* « Les mets dont vous parlez. || — Vous plaisantez, : je pense ; :

| | |
|---|---|
| *Appuyé…, interrogat…* | « Le sucre : vous est inconnu? ‖ |
| ¹ *Naturel.* ² *Étonnement.* | « —¹ Vraiment oui. | ²—Se peut-il? | Vous n'avez pas vécu |
| *Avec chaleur.* . . . . . : | « Mon cher, | vous ignorez ce que la Providence |
| | « A fait pour nous |
| | « De plus doux. ‖ |
| *Augmenter la valeur.* . | « Et les biscuits, | et le fromage? ‖ |
| *Regret et naïveté.* . . . | « —Moi, : je ne les connais, monsieur, : pas davantage. ‖ |
| *Ton différent.* . . . . . | « —Ah! pauvre enfant, | que je vous plains ! | |
| *Absolu.* . . . . . . . . . | « Suivez-moi dans cette chaumière, | |
| *Soutenir : vous verrez ;* | « C'est là que vous verrez. ‖ — Oh! non, monsieur, : je crains |
| *et ch. de ton : oh! non.* | « De désobéir à mon père; | |
| *Avec retenue.* . . . . . | « Il m'a bien souvent défendu |
| | « D'en'rer dans la maison des hommes. | |
| *Plus vivement accentué.* | « Ils sont nos ennemis de tous, | tant que nous sommes; | |
| | « Fuis-les bien, : m'a-t-il dit, : ou tu serais perdu ! ‖ |
| *Ton différent ; railleur.* | « —Votre père : a voulu vous effrayer sans doute , | |
| *Avec assurance.* . . . . | « Reprit le rat; | mais voyez-moi, : |
| | « J'y vais sans cesse, | et par ma foi |
| | « Je n'y vois rien que je redoute. ‖ |
| ¹ *Simple.* ² *Posit.* ³ *Craint.* | ¹ Vous croyez. ‖ ²—Je vous jure.— ‖ ³ Eh bien donc, je vous suis. | |
| *Ton du récit ; simple.* . | L'écureuil, | en tremblant, : trotte jusqu'à l'office | |
| *Avec finesse.* . . . . . . | Le sucre : lui parut exquis. | |
| *Une nuance.* . . . . . . | Le rat : riait avec malice. | |
| | « A présent, : dit-il, : mon cher fils , : |
| *Intention marquée.* . . | « Goûte à ce morceau de fromage! | |
| *Une autre nuance.* . . . | L'écureuil mord… | Soudain avec un grand tapage |
| ¹ *Vivement.* ² *Regret.* . . | ¹ Un trébuchet tombe. | ² Il est pris ! | |
| *Plus pressé, mais détail.* | Le rat se sauve; | on vient, | on met dans une cage |
| | Le pauvre écureuil confondu… | |
| *Tristesse.* . . . . . . . . | Il pleure, | il se désole, | et dit en son langage : | |
| *Ton plaintif. Regrets.* . | « Adieu, nid paternel, | liberté, | frais ombrage! | |
| *Sentencieux.* . . . . . . | « Un mauvais conseil : m'a perdu! » |

Il y a dans cette fable trois tons de voix bien distincts : celui du conteur, celui de l'écureuil, celui du rat.

Celui du conteur : voix ordinaire du récit. Celui de l'écureuil : voix jeune, timide, ingénue. Celui du rat : Voix assurée et quelquefois malicieuse.

La fable se dit, assis; presque sans geste. C'est la physionomie qui doit indiquer le sentiment.

# J.-F. DUCIS,

Successeur de Voltaire à l'Académie Française. Ses principales tragédies ont été imitées de Shakspeare : Hamlet, Romeo et Juliette, le roi Lear, Macbeth, Othello, Jean-Sans-Terre. On lui doit encore Abufar, OEdipe chez Admète, OEdipe à Colonne et un assez grand nombre d'épîtres et de poésies légères. Cet auteur, né à Versailles, en 1732, est mort à Versailles en 1817.

## VISION D'HAMLET.

*Situation et caractère d'Hamlet :* L'auteur les dépeint ainsi dans plusieurs passages :

POLONIUS. . . . . . . . . « Je connais trop cette âme et profonde et sensible :
« Il cache un cœur de feu sous un dehors paisible.

NORCESTE. . . . . . . . « Son cœur est vertueux, il n'a pas dû changer.
« Quelle mélancolie, au printemps de vos jours,
« Vers leur terme à grands pas précipite leur cours !
« Je prends part aux regrets que la nature inspire,
« C'est de la voix du sang le légitime empire
« Mais à ce saint devoir c'est donner trop de pleurs.

HAMLET. . . . . . . . . « Et moi, dans ce palais, l'œil fixé sur la terre,
« Je cherche encore les pas de mon malheureux père.
« Sur un vil criminel je cours venger mon père
« Mais je n'attente point sur les jours de ma mère.
« . . . . . Moi, j'aimerais la vie !
« Quand, hélas, pour toujours, ma mère m'est ravie ! »

Ces citations suffisent pour établir la situation et le caractère du personnage qu'on doit faire parler. Hamlet a *une âme profonde et sensible ; il cache un cœur de feu sous un dehors paisible ; il est vertueux*, il est jeune, mélancolique; il est désespéré de la mort de son père, et conserve toujours une tendresse filiale pour sa mère. On doit maintenant chercher à faire ressortir ces diverses nuances dans le morceau suivant :

*Ton général de tristesse.*            HAMLET A NORCESTE.

*Grande simplicité.* . . . . . . . . . Quand tu m'appris : qu'une main meurtrière
                     Avait d'un parricide affligé l'Angleterre; |
                     Lisant ta lettre : encore, | de cette horreur surpris |
*Comme inspiré.* . . . . Une clarté soudaine a frappé mes esprits; |
*Changement de ton.* . . . Me traçant le tableau d'une action si noire, |
*Positif.* . . . . . . . . . . De mon père immolé tu me traçais l'histoire. |
*Avec douleur.* . . . . . . Je le vis : succombant sous de pareils complots |
*Une nuance; terreur.* . . Que dis-je? | ici, | dans l'ombre, | et troublant mon repos, |
                     Mon père : a reparu poussant des cris funèbres. |
*Transition et force.* . . . La vérité terrible | au milieu des ténèbres
*Ampleur.* . . . . . . . . . Vint ici m'apparaître, | et passer son flambeau
*Inflexion basse.* . . . . . Sur ces noirs attentats : cachés dans le tombeau. ||
*Transition; conviction.* Deux fois : dans mon sommeil, : ami, : j'ai vu mon père, |
*Dans le haut de la voix.* Non point le bras levé, | respirant la colère, |
*Transition; image.* . . . Mais désolé, | mais pâle, | et dévorant des pleurs :
*Violence retenue.* . . . . Qu'arrachait de ses yeux l'excès de ses douleurs ||
*Chang. de ton, vérité.* . . J'ai voulu lui parler : | plein de l'horreur profonde :
                     Qu'inspirait à mon cœur l'effroi d'un autre monde. |
*Simplicité touchante.* . Quel est ton sort? | lui dis-je ; | apprends-moi quel tableau :
*Interrogation.* . . . . . S'offre à l'homme étonné : dans ce monde nouveau. |
                     Croirai-je de ces Dieux que la main protectrice :
*Nuance plus forte.* . . . Par d'éternels tourmens sur nous s'appesantisse? |
*Voix différente soute-* • O mon fils, : m'a-t-il dit, | ne m'interroge pas; |
*nue et sentencieuse.* . . . • Ces leçons du cercueil, : ces secrets du trépas :
                     • Aux profanes mortels doivent être invisibles. |

*Intention marquée.* . . . « Que du ciel sur les rois les arrêts sont terribles ! ||

« Ah ! : s'il me permettait cet horrible entretien, |

*Nuance imitative.* . . . « La pâleur de mon front : passerait sur le tien. |

*Absolu et expressif.* . . « Nos mains : se sécheraient en touchant la couronne, |

« Si nous savions, : mon fils, : à quel titre il la donne ! |

« Vivant, | du rang suprême on sent mal le fardeau ; |

*Avec profondeur.* . . . . Mais : qu'un sceptre est pesant : quand on entre au tombeau ! ||

*Sensibilité , effroi.* . . . ...Ah ! : m'écriai-je, | ombre chère et terrible, |

*Interrogation.* . . . . . . Pourquoi des bords muets de ce monde invisible :

Confident des tombeaux, : viens-tu m'entretenir :

*Abandon , sentiment.* . . Moi, | qu'avec toi bientôt mes douleurs vont unir ? |

*Effroi.* . . . . . . . . . Ne laisse point sortir de tes lèvres glacées

Ces hauts secrets des Dieux : qui troublent nos pensées. |

Hélas ! : pour t'obéir ai-je assez de vertu ? |

*Une nuance.* . . . , . . Je t'écoute en tremblant : : réponds ; | que me veux-tu ? ||

*Même voix qu'à l'appar.* « O mon fils , : m'a-t-il dit , | je viens enfin t'apprendre

*du spectre.* M'a-t-il dit.

*Avec terreur.* . . . . . « Quel sang tu dois verser : pour apaiser ma cendre : |

*Une nuance.* . . . . . « On croit qu'un mal cruel trancha soudain mes jours ; |

*Plus sentencieux.* . . . « Ainsi les noirs complots sont voilés dans les cours. |

*Avec force et animat.* « Ta mère, | qui l'eût dit ! : oui, : ta mère perfide :

« Osa me présenter un poison parricide ; |

*Voix plus animée.* . . . « L'infâme Claudius, : du crime instigateur, |

*Soutenir jusqu'à la fin.* « Fut de ma mort surtout le complice et l'auteur. » ||

*Terreur, sans voix.* . . Il dit, : et disparaît........ ||

*Sentim. et voix émue.* Ne crois pas qu'à ces mots mon esprit éperdu :

Sans de cruels combats se soit d'abord rendu ; |

Je résistai long-temps. | Le ciel : que je révère, :

*Sentiment filial.* . . . . A vu si sans frémir j'osai juger ma mère. |

*Avec âme et sensibilité.* Sans cesse à l'excuser mon cœur ingénieux :

Trouvait quelque plaisir à démentir les Dieux. |

*Force , exaltation...* Mais : cette nuit enfin, devenu plus terrible, |

« Mon fils, : m'a dit ce spectre, | es-tu donc insensible ? |

        « Aux douceurs du sommeil ton œil a pu céder, |

        « Et ton père : en ces lieux est encore à venger ! |

*Avec chaleur et emport.* « Prends un poignard ; | prends l'urne où ma cendre repose : |

        « Par des pleurs impuissans suffit-il qu'on l'arrose ?. |

*Impérativement.* . . . . « Tire-la de sa tombe, | et, courant m'apaiser, |

*Vigueur et autorité.* . . . « Frappe, | et, fumante encor, : reviens l'y déposer. » |

*Changement subit.* . . . Je m'éveille à ces cris : | hélas ! : mon cher Noreeste, : . . .

*Avec frayeur.* . . . . . Je me suis élancé hors de mon lit funeste |

*Agitation croissante.* . Plein de l'objet affreux qui troublait mes esprits ; |

        J'ai rempli ce palais d'épouvantables cris. |

*Haletant.* . . . . . . . J'ai couru : tout tremblant, : faible, : éperdu, : sans suite ; |

*Avec le plus grand effr.* Le spectre, | à mes côtés, semblait presser ma fuite. |

*Sans force, accablé.* . Cette ombre, | ces forfaits, | ce récit plein d'horreur, |

*Anéanti.* . . . . . . . Dans mon cœur expirant jette encore la terreur. »

Ce morceau exige une grande variété d'intonations dans les sentimens douloureux et d'exaltation ; on doit s'appliquer à rendre les nuances délicates qu'il renferme pour donner de la flexibilité à sa voix.

Hamlet est assis ; dès le premier moment on doit voir dans sa physionomie une profonde douleur ; son geste sera simple et gracieux comme celui d'un jeune homme bien élevé, il deviendra positif à ces mots : *La vérité terrible...*, et perdra de son énergie à : *Désolé mais pâle...* Ce geste deviendra presque nul pendant l'interrogation : *Quel est ton sort?...* Et dans tout le récit il ne s'animera qu'aux pensées les plus violentes. On ne doit point oublier que l'abattement ; une profonde douleur, un grand effroi, ne permettent point les mouvemens saccadés et multipliés. C'est le jeu de la physionomie qui remplacera le geste. Dans ce récit l'œil s'anime et devient parfois étincelant... Les cheveux doivent paraître en quelque sorte se dresser... *Mon fils, m'a dit ce spectre;* et toute la suite, ne peuvent être dits que dans le plus grand désordre. Il faut ici avoir l'exaltation réunie du peintre et du poète.